W0231084

Hohenheim

Bernd-Lutz Lange

Heute hier und morgen gestern

Miniaturen und Aphorismen

Mit Zeichnungen von Lothar Otto

Hohenheim Verlag
Stuttgart · Leipzig

© 2009 Hohenheim Verlag GmbH,
Stuttgart · Leipzig
Alle Rechte vorbehalten
Satz und Reproduktionen: Satz & mehr, Besigheim
Druck und Bindearbeiten:
CPI Moravia Books GmbH, Korneuburg
Printed in Austria

ISBN 978-3-89850-195-8

Inhalt

Der Zufall

Er widerfährt uns unentwegt. Im guten wie im schlechten.

Manche Menschen glauben nicht an ihn und meinen, alles sei vorherbestimmt.

Im Lexikon heißt es über den Zufall: „...ein unvorhergesehenes Ereignis, das durch das Zusammenwirken von Ursachen entsteht, die nicht zueinander gehören".

Diese Definition allein hilft uns auch nicht weiter. Wieso wirken plötzlich Ursachen zusammen?

Der kluge Hegel sagt: „Die Notwendigkeit ist zufällig und der Zufall ist notwendig."

Wäre doch damals der Stalin auf dem Priesterseminar geblieben! Dann wäre die Geschichte der Sowjetunion ganz anders verlaufen und Millionen hätten nicht mit dem Leben bezahlen müssen.

Oder wenn der Stauffenberg die Aktentasche etwas näher an den Führer hätte heranschieben können ..., dann würde Dresden heute ebenso in alter Pracht erstrahlen wie die Kantstadt Königsberg.

Oder wenn Ulbricht Tischler und Honekker Dachdecker geblieben wären ...

Die Funktionäre in der DDR meinten stets: „Wir überlassen nichts dem Zufall!"

Dabei wurden sie von ihm überrollt, als sich immer mehr Menschen montags zufällig in der Stadt trafen.

Ja, ja, der Zufall spielt in unserem Leben so oft eine Rolle ... und Ihnen hat er gerade dieses kleine Buch in die Hände gespielt.

Für immer vorbei

Vor zwanzig Jahren ging in Osteuropa eine geschichtliche Epoche zu Ende. Mit ihr starb auch etwas, das half, diese Zeit in bestimmten Situationen überhaupt zu ertragen: der politische Witz im Ostblock. Er war oft messerscharf, packte das Übel beim Schopf in seiner klaren Analyse: „Was ist der Unterschied zwischen einer Demokratie und einer Volksdemokratie?"

„Derselbe wie zwischen einer Jacke und einer Zwangsjacke."

Da der Mensch seinem Zorn und seiner Verzweiflung hin und wieder Luft machen muß, braucht er ein Ventil. Humor ist dafür bestens geeignet. Es gibt keine bessere Seelenhygiene als das Lachen. Und die Völker zwischen Wernigerode, Varna und Wladiwostok hatten dieses Lachen zwischen 1945 und 1989 bitter nötig, die Bewohner der Sowjetunion noch einige Jahrzehnte länger.

Hier ein Beispiel, wie sich der Volksmund gesellschaftlicher Mißstände annimmt: In der Zeit der Kollektivierung in der UdSSR wurden die Bauern mit Gewalt in die Kolchosen gezwungen. Sie verloren ihr Hab und Gut. Wer den Beitritt verweigerte, mußte mit Verbannung nach Sibirien rechnen. Ein Agitator hat endlich einen Bauern überzeugt, daß er Kolchosmitglied wird:

„Iwan Iwanowitsch, bist du bereit, deine Kühe an den Kolchos abzugeben?"

„Ja, ich bin bereit."

„Und die Pferde?"

„Ja."

„Und die Ziegen?"

„Nein, die Ziegen nicht."

„Aber warum? Du gibst die Kühe und die Pferde, aber wieso nicht die Ziegen?"

„Ich hab nur Ziegen."

Der von mir hochgeschätzte Kabarettist Werner Finck, der die Nazi-Diktatur erlebt und die sogenannte Diktatur des Proletariats beobachtet hatte, sagte: „In einem totalitären Staat kann der Politiker die Wahlen verfälschen, die Meinungsäußerungen knebeln ... Nur gegen den Witz ist er machtlos. Allenfalls kann er den Witzeerzählern an den Kragen. Die Witze selbst entziehen sich der Verfolgung. Die lauteste Propaganda, die gängigste Phrase, die raffinierteste Lüge: – ein treffender Witz, und sie werden lächerlich gemacht, das Schlimmste, was ihnen passieren kann!"

Witze wurden in den sozialistischen Ländern überall erzählt, in den frühen stalinistischen Jahren natürlich vorsichtiger, denn da konnten ein paar Sätze mit einer entsprechenden Pointe noch zu Verhaftung und Gefängnis führen. Verfolgt und geahndet wurden solcherlei Delikte durchaus bis in die sechziger Jahre. Es ging nicht um den Witz an sich. Es gab keinen Paragraph, der das Erzählen von Witzen unter Strafe stellte. Es ging um den Inhalt. Richtete der sich nach Meinung der Zensoren gegen den Sozialismus, so konnten die schnell den Tatbestand der „Hetze" konstruieren – und das führte dann zur Verurteilung.

Nun gab es Tausende Witze, die Millionen erzählten. So konnte man sich damit trösten, daß nur ein kleiner Teil der „Hetzer" bestraft wurden. Das half aber jenen, die dann im Gulag oder in einem Gefängnis des Ostblocks saßen, überhaupt nicht ...

Die dreißiger Jahre des vergangenen Jahrhunderts waren in der Sowjetunion die schlimmsten Jahre des Terrors gegen jedermann. Unschuldige Menschen wurden vor Gericht gezerrt.

In eine Zelle eines Moskauer Gefängnisses werden drei Verhaftete gesperrt. Nachdem die Tür geschlossen wurde, kommen sie gleich über den Grund ihrer Verhaftung ins Gespräch.

„Ich bin verhaftet worden, weil ich für den Genossen Popow war."

Das wundert den neben ihm stehenden: „Ich bin verhaftet worden, weil ich gegen den Genossen Popow war!"

Da sagt der Dritte: „Ich bin der Genosse Popow."

Der ungarische Schriftsteller György Dalos schreibt in seinem Buch „Proletarier aller Länder, entschuldigt mich!": „Die Philosophie, die dem Ostblockwitz zugrunde liegt, ist in der tiefsten Überzeugung verwurzelt, daß es im realen Sozialismus weder Gleichheit noch Freiheit gibt. Die heiligen Prinzipien der Gründerväter des Sozialismus werden mißachtet, die kleinen Leute werden unterdrückt, gedemütigt und betrogen. Das System ist mit Ausnahme seines Gewaltapparates funktionsunfähig."

Die drei – wegen Popow – Verhafteten haben den funktionierenden Gewaltapparat kennengelernt.

Ich erinnere mich noch, wie ich als Kind manchmal diesen Satz von Erwachsenen aufschnappte: „Den hammse abgeholt!" Das waren dann die ostdeutschen „Popows".

Auch das ist mir noch aus den frühen fünfziger Jahren erinnerlich: die diffuse Angst vor einem Atomkrieg. Argumente, um die Überlegenheit der Sowjetunion und des Warschauer Paktes zu demonstrieren, spielten damals in der Agitation und Propaganda eine große Rolle.

Pjotr und Pawel treffen sich auf dem Roten Platz. Pjotr verzieht kummervoll das Gesicht. „Was hast du?" fragt Pawel.

„Ich mach mir Sorgen, daß es Krieg geben könnte."

„Du mußt dich nicht sorgen. Die Sowjetunion ist inzwischen so stark, daß wir jeden Krieg verhindern können. Und weißt du, wie? Wir nehmen einfach zwölf Koffer und die verstecken unsere Leute vom Geheimdienst an zwölf wichtigen strategischen Punkten in Amerika. Also zum Beispiel in Häfen, Industrieanlagen und in den Zentren der großen Städte. Wenn uns die Amerikaner mit Krieg drohen, lassen wir die Bomben durch Fernzündung hochgehen und die USA sind erledigt! Verstehst du?"

Pjotr schaut weiterhin bekümmert.

„Na, was? Ist der Plan nicht genial?"

„Ja, das schon. Der Plan ist sehr gut. Die Atombomben haben wir, das mit der Fernzündung wird auch klappen, aber ... wo nehmen wir die zwölf Koffer her?"

Damit wird auch ein Dauerthema der Wirtschaft dieser Länder beschrieben: der permanente Mangel an allem.

Chruschtschow besucht eine Kolchose und unterhält sich mit den Bauern: „Nun, erzählt mir einmal, wie geht es euch denn hier?"

„Vielen Dank, Nikita Sergejewitsch, uns geht es hier sehr gut!"

„Das höre ich gern, sehr schön, aber tut ihr auch etwas für eure Bildung? Lest ihr Zeitungen?"

„Natürlich, woher sollten wir denn sonst wissen, daß es uns gut geht?!"

Ein anderes Problem in der Sowjetunion: Der unerträgliche Personenkult um Stalin. Logisch, daß der Volkswitz sich auch hier Luft machte.

Der 100. Todestag des großen russischen Dichters Alexander Puschkin stand bevor.

In jenem Jahr 1937 schreibt die Sowjetregierung einen Wettbewerb für ein repräsentatives Denkmal aus. Eine Fülle von Entwürfen hat die Kommission zu beurteilen. Schließlich gibt es drei Arbeiten, die in die engere Wahl gezogen werden:

„Puschkin steht auf einem Gipfel im Kaukasus und blickt verträumt in die Ferne",

„Puschkin fällt, niedergestreckt von der Kugel seines Duellgegners",

„Puschkin wird von den Musen mit Lorbeer bekränzt".

Die Jury entscheidet sich schließlich einstimmig für den Entwurf „Stalin liest Puschkin".

Ideal und Wirklichkeit klafften im real existierenden Sozialismus weit auseinander.

Das merkten mitunter schon die Kleinen...

Chruschtschow besucht einen Kindergarten. Die Kindergärtnerinnen haben die Jungs und Mädchen beschworen, daß sie auf jede Frage im Chor antworten sollen: „In der großen Sowjetunion."

Als Chruschtschow im Raum steht, fragt die Leiterin die Kinder: „Wo sind die Kinder am glücklichsten?"

„In der großen Sowjetunion."

„Wo gibt es die besten Kindergärtnerinnen?"

„In der großen Sowjetunion."

„Und wo gibt es das besten Essen in den Kindergärten?"

„In der großen Sowjetunion!"

Chruschtschow ist hell begeistert.

Plötzlich weint ein kleines Mädchen. Da wird es von Chruschtschow nach dem Grund gefragt.

„Ich möchte so gern in die große Sowjetunion!"

Die folgende Definition zeigt den Galgenhumor der russischen Seele:

„Was ist Glück?"

„Glück ist, daß wir in der Sowjetunion leben."

„Und was ist Pech?"

„Pech ist, daß wir so viel Glück haben."

Die letzten Spuren des jüdischen Humors in Europa, dieses besonders intelligenten Witzes mit überraschenden Pointen, die sich oft erst durch das Zu-Ende-Denken herstellen, die finden wir im Ostblock-Witz. In der Sowjetunion lebten 1989 noch etwa 1,5 Millionen Juden. Aber auch die Volksrepublik Ungarn besaß eine große jüdische Gemeinde.

Ein weiser Rabbiner wird gefragt, woran die ungarische Wirtschaftsreform des Jahres

1968 gescheitert ist. Er antwortet: „Ich bin kein Fachmann für Ökonomie, aber mir fällt dazu eine symbolische Geschichte ein. Die häßliche alte und arme Riffke sitzt mit ihrem räudigen Köter an einem See und angelt einen kleinen goldenen Fisch.

'Wenn du mich leben läßt', sagt der Fisch, ‚will ich dir drei Wünsche erfüllen.'

Riffke wirft also den Fisch zurück ins Wasser und sagt: ‚Gut, als erstes möchte ich wieder jung sein!' Sofort verwandelt sie sich in ein bildhübsches junges Mädchen. ‚Nun möchte ich reich sein', lautet ihr zweiter Wunsch, und schon sitzt sie in einem kostbaren Palast. ‚Und drittens soll sich mein alter räudiger Hund in einen schönen jungen Mann verwandeln.' Sofort zieht sie den jungen Mann in ihr Schlafgemach. Als er nackt vor ihr steht, meint er mit einem Stoßseufzer: ‚Ach, hättest du mich doch bloß nicht vor zehn Jahren kastrieren lassen!'"

Mit den Problemen der Wirtschaft plagte sich das System von Anfang an herum.

Ein russischer Rabbiner wird gefragt: „Sagen Sie, Rebbe, kann man, wie Stalin sagt, den Sozialismus in einem Land aufbauen?"

„Man kann ... aber dann sollte man in einem anderen Land leben."

Der Galgenhumor in der Sowjetunion trieb bisweilen besondere Blüten. Zwei Juden treffen sich in Moskau: „Was glaubst du – haben wir schon den hundertprozentigen Kommunismus erreicht oder kommt es noch schlimmer?"

Die jüdische Bevölkerung in der UdSSR war immer wieder Ziel von Repressalien. Nicht umsonst versuchten deshalb viele sowjetische Juden das Land zu verlassen. Etwa ab dem Ende der sechziger Jahre war das, wenn auch unter großen Schwierigkeiten und vor allem mit langen Wartezeiten, durchaus möglich.

Ein alter Jude sitzt auf einer Parkbank in Moskau und studiert eine hebräische Grammatik. Ein Mann kommt vorbei, wirft einen Blick in das Buch und fragt: „Was ist das für eine merkwürdige Schrift?"

„Das ist Hebräisch, die Sprache Israels."

„Und die fangen Sie jetzt noch an zu lernen. In Ihrem Alter werden Sie es doch kaum noch schaffen, nach Israel zu reisen."

„Da haben Sie leider recht, aber schließlich sprechen sie ja auch im Paradies Hebräisch."

„Und wenn Sie nun in die Hölle kommen?"

„Kein Problem – Russisch kann ich ja!"

Hebräisch spielt auch in dem folgenden Witz eine überraschende Rolle.

Stalin kommt in die Hölle. Der Kessel wird sofort angeheizt. Da sieht er plötzlich, daß Hitler hinter einem Schreibtisch sitzt und irgendwelche Schreibarbeiten verrichtet. Nun beschwert sich Stalin beim Oberteufel: „Ich soll hier im Kessel gekocht werden und dieser Massenmörder kriegt sogar noch eine geistige Tätigkeit."

„Den sollten Sie nicht beneiden", meint da der Oberteufel, „er ist dazu verdammt, ‚Das Kapital' aus dem Hebräischen ins Russische zu übersetzen!"

Beliebt waren Witze, die die Arbeit der Geheimdienste auf die Schippe nahmen.

Ein Mitarbeiter des KGB wird beauftragt, in Tel Aviv Verbindung mit einem Agenten aufzunehmen, der für die UdSSR in Israel spioniert. Der Mann, den er treffen soll, heißt Kohn und wohnt in einem Neubauviertel. Als Parole gibt man ihm den Satz „In Korea scheint die Sonne!" mit auf den Weg.

Als er nach einigen Schwierigkeiten das Haus endlich gefunden hat, stellt er mit Entsetzen fest, daß im Haus nicht weniger als drei Familien Kohn heißen. Was tun?

Er klingelt also im Erdgeschoß bei dem ersten Kohn. Als sich die Tür öffnet und ihm ein alter Mann gegenüber steht, fixiert er ihn mit durchdringendem Blick und sagt: „In Korea scheint die Sonne!"

Daraufhin meint der Alte: „Ach, Sie wollen zum Spion – der wohnt im dritten Stock!"

Nicht nur russische Juden versuchten das Land zu verlassen, es gab auch eine Reihe von Dissidenten, die nach dem Westen abgeschoben wurden. Man hoffte, daß man so das Land von unliebsamen Zeitgenossen säubern könnte, aber diese Menschen wuchsen bekanntlich immer wieder nach.

Ein Tourist wundert sich, daß es in der großen Stadt Moskau am Abend so leer ist. Kaum ein Mensch auf der Straße. Er fragt einen Moskauer nach dem Grund. „Ach, wissen Sie, vor ein paar Monaten wurde der Schriftsteller Solschenizyn wegen eines Buches in den Westen abgeschoben. Seitdem sitzen die Leute zu Hause und schreiben und schreiben und schreiben..."

In meiner Kindheit wurde uns in der Schule immer wieder erzählt, welche großen wissenschaftlichen und technischen Errungenschaften aus der Sowjetunion die Welt beglückten. Selbstverständlichkeiten wurden uns mitunter als bahnbrechende Leistungen aufgetischt. Dem Biologen Mitschurin zum Beispiel gelang alles Mögliche. Das hat instinktiv auch uns Kinder genervt. Ich erinnere mich noch, welche Sprüche wir parat hatten.

„Mitschurin hat festgestellt,
daß Marmelade Fett enthält.
Drum essen wir zu jeder Speise
Marmelade fässerweise."

Alle großen wissenschaftlichen Erfindungen waren zu Stalins Zeiten meistens das Werk von Russen. Das wurde natürlich vom Volkswitz sofort aufs Korn genommen.

Die Moskauer Akademie der Wissenschaften erklärte, nicht nur die Dampfmaschine und das Radio, sondern auch das Röntgengerät seien nach neuesten Forschungen von einem Russen erfunden worden. Bei dem Erfinder handelt es sich um einen nach Sibirien verbannten Revolutionär. In seinem Nachlaß habe man einen Brief gefunden, der das beweist. In diesem Brief schreibt der Mann: „Mascha, Mascha, du Luder betrügst mich, aber ich durchschaue dich!"

Im Sozialismus gingen Witze auf Wanderschaft. In der DDR kreiert, konnten sie nach Jahren in Vietnam auftauchen. Als ich 1990 Küf Kaufmann, Regisseur aus Leningrad, in Leipzig traf, kannten wir durch unsere gemeinsame Geschichte, unsere Erfahrungen im Ostblock natürlich auch eine ganze Reihe ähnlicher Witze. Das war mir mit meinem Freund Friedel aus Hannover nicht widerfahren, obwohl wir näher beieinander, aber eben auch viel weiter auseinander lebten.

Küf erzählte mir von dem bekannten sowjetischen Kabarettisten Arkadij Rajkin, der mit seinem Humor ebenfalls aus der jüdischen Tradition kam. Einem seiner Bonmots konnte ich als ehemaliger DDR-Bürger sofort beipflichten: „Bei uns gibt es alles. Nur nicht für jeden."

„Was ist Kommunismus?"
„Wenn jeder von allem genug hat."
„Was ist Emigration?"

„Der friedliche Übergang vom Sozialismus zum Kapitalismus."

Legendär war auch die berühmte Frage nach dem Unterschied zwischen Kapitalismus und Sozialismus:

„Im Kapitalismus wird der Mensch vom Menschen ausgebeutet.

Im Sozialismus ist es genau umgekehrt."

Besonders berühmt wurden die Anfragen an den Sender Jerewan. Sie wurden vermutlich im gesamten Ostblock erdichtet. Unzählige machten die Runde: „Was gab es früher – das Ei oder die Henne?"

Antwort: „Früher gab es beides."

„Wird es im Kommunismus noch Geld geben?

Antwort: „Nur noch Geld."

„Was ist ein Kommunist?"

Antwort: „Ein Kommunist ist ein Mensch, der die Hoffnung aufgegeben hat, jemals noch Kapitalist zu werden."

„Mit welchem System ist der Sozialismus am wenigsten vereinbar?"

Antwort: „Mit dem Nervensystem."

Stimmt es, daß der Kosmonaut Juri Gagarin bei einer Tombola in Moskau ein Automobil Wolga gewonnen hat?"

Antwort: „Im Prinzip ja, aber es war nicht der Kosmonaut Juri Gagarin, sondern der Lehrer Igor Gagarin.

Es war auch keine Tombola in Moskau, sondern eine Brigadefeier in Kiew.

Es war auch kein ‚Wolga‘, sondern ein Fahrrad.

Und Igor Gagarin hat es nicht gewonnen, sondern es wurde ihm gestohlen.“

Aber wie gesagt ... im Prinzip ja!

Ein junger sowjetischer Soziologe wird zum Studium des Kapitalismus in die USA, in die Bundesrepublik Deutschland, nach Großbritannien und Frankreich geschickt. Nach seinen Eindrücken befragt, sagte er: „Ich habe mich mit eigenen Augen vom Absterben des Kapitalismus überzeugt.“

„Und?“

„Genossen, ich kann euch nur sagen – es ist ein schöner Tod!“

Wenn ich an die Leipziger Messe in der DDR-Zeit zurückdenke, dann habe ich immer wieder erlebt, wie sich westdeutsche Freunde und Bekannte über unsere neuesten politischen Witze amüsierten. Hier war das Volk der Ostdeutschen ausgesprochen innovativ. Die Dialektik dieser Witze beeindruckte die Gäste.

Während der Messen wurde in den Ausstellungshallen der technologische Abstand zwischen Ost und West besonders deutlich. Einer der wenigen weltweit gefragten Artikel aus der DDR war Plauener Spitze. Ein japanisches Handelsunternehmen zeigt Interesse und der Direktor des Betriebes wird zur Unterzeichnung des Vertrages nach Tokio eingeladen. Das Ministerium für Außenhandel hat keine Devisen für den Flug, und der Direktor muß mit dem Zug nach Tokio reisen. In Plauen kann er natürlich keine Fahrkarte nach Tokio kaufen und deshalb fährt er nach Karl-Marx-Stadt. Von dort schickt man ihn nach Berlin, aber auch in der Hauptstadt der DDR gibt es keine Fahrkarte nach Tokio, und man verweist ihn schließlich nach Moskau. Dort bekommt er endlich die Fahrkarte nach Wladiwostok und die Schiffspassage nach Tokio.

Nachdem die Verhandlungen erfolgreich abgeschlossen sind, will er sich nun die Rückfahrkarte kaufen und verlangt in seinem Übermut am Schalter im Tokioter Bahnhof gleich eine Fahrkarte bis Plauen. Der Mann hinter der Glasscheibe lächelt ihn an und fragt: „Oberer oder Unterer Bahnhof."

Der Direktor ist fassungslos.

Leises Surren und schon hat der Computer die Karte ausgedruckt.

Auf der Rückseite liest er: „Beachten Sie bitte, daß vom 1. bis 20. Juli zwischen Reichenbach und Plauen Oberer Bahnhof wegen Bauarbeiten Schienenersatzverkehr eingerichtet ist."

Die Mangelwirtschaft war dem System immanent. Deshalb spottete das Volk: „Was passiert, wenn man in der Wüste den Sozialismus aufbaut?"

„Zunächst gar nichts, aber mit der Zeit wird der Sand knapp."

Versorgungsschwierigkeiten zogen sich bis zum Ende des „sozialistischen Lagers" kontinuierlich durch die Jahrzehnte. Für uns in der DDR kam hinzu, daß wir den Zweiten Weltkrieg scheinbar als einzige verloren hatten. Während in der Bundesrepublik mit dem Marshallplan ein gigantisches Aufbauwerk begann, hatten wir im Osten ganz andere Probleme. Die Reparationen an die Sowjetunion schwächten die Wirtschaft der DDR erheblich.

Walter Ulbricht steht im Rostocker Hafen und sieht dort drei Schiffe vor Anker liegen. Er fragt am ersten: „Na, Genossen, wohin geht denn die Reise?"

„Wir bringen Düngemittel nach Mosambik und kommen mit einer Ladung Kaffee zurück."

„Sehr gut, ja."

Beim zweiten Schiff erfährt er: „Wir haben Fahrräder für Kuba geladen und kommen mit Bananen zurück."

„Hervorragend."

Am dritten Schiff erklärt man ihm: „Wir bringen Kaffee und Bananen nach Leningrad."

„Und womit kommt ihr zurück?"

„Na, wie immer – mit der Eisenbahn."

Auch die Energieprobleme blieben uns in vierzig Jahren DDR immer erhalten.

Ein strenger Winter. Tagelang Frost. Der Parteichef von Suhl berichtet im Politbüro, daß es in seinem Bezirk keine Kohlen mehr gibt. Walter Ulbricht fragt: „Und Genosse, was macht da die Bevölkerung?"

„Sie friert", antwortet der Funktionär. Daraufhin meint Ulbricht: „Es ist doch bewundernswert, wie sich unsere Menschen immer wieder zu helfen wissen, ja?!"

Besonderes Spottobjekt in der DDR waren die Volkspolizisten. Vom Intelligenzquotienten her waren viele von ihnen etwas schlicht ausgerüstet.

Ein Volkspolizist kommt also in ein Warenhaus, zeigt auf ein Produkt und sagt zur Verkäuferin: „Ich hätte gern dieses Tonbandgerät."

Die antwortet ihm zu seiner Verblüffung: „An Polizisten verkaufen wir nichts."

Am nächsten Tag geht er deshalb in Zivil in das Warenhaus: „Guten Tag, ich hätte gern dort dieses Tonbandgerät." Wieder antwortet die Verkäuferin: „An Polizisten verkaufen wir nichts." Völlig verstört verläßt er die Einkaufsstätte und verkleidet sich am Tag darauf mit Hut, Brille und einem Bart. Zu seinem Erstaunen muß er wieder hören: „An Polizisten verkaufen wir nichts."

Völlig verzweifelt fragt er nun die Verkäuferin, woran sie ihn denn erkannt habe.

„Ganz einfach, das ist kein Tonbandgerät, sondern ein zweiflammiger Gaskocher!"

Wenn man endlich in den Westen ausreisen durfte, waren nicht automatisch alle Versorgungsprobleme gelöst!

Ein DDR-Bürger siedelt in die BRD über.

Er geht in ein Tabakgeschäft und verlangt:
„Eine Schachtel Cabinet."

„Haben wir nicht."

„Geht das schon wieder los!"

Aber wir sind ja noch im Ostblock. Und wollen einmal über die Grenze zum Nachbarn schauen.

Der unbeliebte Parteichef Antonín Novotný wurde 1957 Staatspräsident der ČSSR.

Das Volk fragte sich: „Wie war das möglich?" Und gab die Antwort gleich selbst: „Wegen der Verfassung." Darin heißt es: „Präsident der ČSSR kann jeder werden."

Auch die Konflikte zwischen den beiden Völkern im Land spiegeln sich in Witzen wider:

„Was lieben die Slowaken am Kommunismus am meisten?"

„Daß ihn die Tschechen auch haben."

In den fünfziger Jahren war die Versorgungslage im Ostblock besonders deprimierend. In dieser Zeit hieß die Tschechoslowakei abgekürzt noch ČSR. Das zweite „S" kam später dazu.

Novotný befragt seinen Wirtschaftsminister über die Lebensmittelvorräte des Landes. Der gibt genau Auskunft: „Die Milch reicht noch für ein halbes Jahr, der Zucker für vier, das Mehl für drei und der Speck für zwei Monate."

Novotný fragt nach: „Sagen Sie, Genosse Minister, soll das etwa auch für die Slowaken reichen?"

„Wo denken Sie hin – nur für Sie und mich!"

Die vielen Widersprüche und die plumpe Propaganda des Systems reizten den Volkswitz, und für die Zeit eines Witzes war der Erzähler der Sieger, nicht der allmächtige Funktionär. Witze hörte man überall, in der Werkhalle und in der Straßenbahn, in der Kneipe oder in der Universität, in der Kaserne oder in der Parteiversammlung.

Das oft im Alltag fehlende Erfolgserlebnis – hier stellte es sich durch das Lachen des Gegenübers sofort ein. Die Produzenten von Witzen sind Arbeiter genauso wie Intellektuelle, das merkt man am entsprechenden Erfahrungsbereich. Wichtig sind die Erzähler, die je nach Talent die Dramaturgie verfeinern und vervollkommnen. In den Zeiten des real existierenden Sozialismus gab es für Witze immer genügend Zeit, seitdem die Globalisierung mit ihrer Geschwindigkeit über uns gekommen ist, Computer und Internet, raffinierte Handys mit all ihren technischen Möglichkeiten – da blieb unter anderem auch der Witz auf der Strecke. Keiner hat mehr die Zeit, sich einen auszudenken, und diejenigen, die auf der Parkbank sitzen und die Zeit haben – denen ist nicht nach Witzen zumute.

Zurück ins sozialistische Lager: In Polen gab es ständig Probleme mit der Fleischversorgung. Ein Kunde betritt eine leere Fleischerei in Warschau. Er fragt die beiden Verkäuferinnen hinter der Ladentafel:

„Haben Sie Rindfleisch?"

„Nein."

„Haben Sie Kalbfleisch?"

„Nein."

„Haben Sie Schweinefleisch?"

„Nein."

„Haben Sie Huhn?"

„Nein."

„Haben Sie Bockwurst?"

„Nein."

Als der Kunde enttäuscht den Laden verlassen hat, meint eine der Verkäuferinnen: „Was sagst du dazu – der hatte aber ein tolles Gedächtnis!"

Auch aus Polen wanderten Juden aus – obwohl nur wenige die Nazizeit dort überlebt hatten. Ausgerechnet Moische Mandel, ein langjähriges Mitglied der Kommunistischen Partei, beantragt in Warschau seine Auswanderung. Der Beamte ist sehr verwundert: „Ausgerechnet, du, Moische, ein treuer Genosse, du willst auswandern?! Was hast du für einen Grund, unsere sozialistische Heimat zu verlassen?"

„Ich hab zwei Gründe. Gestern abend kam mein Nachbar zu mir und sagte, wenn diese Regierung gestürzt wird, dann kommen wir Kommunisten alle an den Galgen! Darauf will ich nicht warten."

„Wenn es nur das ist", meint der Beamte, „da kann ich dir mit Sicherheit sagen: Diese Regierung wird nie gestürzt werden!"

„Das ist mein zweiter Grund."

„Die Witze erweisen sich oft als einzig mögliche Opposition gegen das Regime", schreibt der Pole Alexander Drozdzynski.

Er hat Auschwitz, Buchenwald und Bergen-Belsen überlebt und sagt, daß ihm die Witze geholfen haben, „die schwersten Jahre meines Lebens durchzuhalten." Drozdzynski gehört zu jenen polnischen Juden, die 1968 aus dem Land vertrieben wurden, weil man ihnen konterrevolutionäre Ansichten unterstellte. Er fand eine neue Heimat – das hat er sich in seinen KZ-Jahren bestimmt nicht vorstellen können – in Düsseldorf, Deutschland...

Den folgenden Aphorismus hat er in zwei Diktaturen bestätigt gefunden: „Die politischen Witze haben ihre guten und schlechten Zeiten, wobei die schlechten Zeiten gute Zeiten für politische Witze sind und umgekehrt."

Für uns nicht vorstellbar war, daß Polen auch im Sozialismus das katholischste Land der Erde blieb.

Ein polnischer Diplomat wurde im Westen gefragt: „Sind Sie eigentlich katholisch?"

„Gläubig, aber nicht praktizierend."

„Ach so, Sie sind ja Kommunist."

„Praktizierend, aber nicht gläubig."

Und wie sah es in Ungarn aus? – Anfang der fünfziger Jahre. Parteiversammlung in

Budapest. Kohn meldet sich zu Wort: „Genossen! Ich frage nicht, wo ist die Gänseleber oder die Salami geblieben, nein, ich frage nur: Wo ist das Brot, wo ist die Milch?"

Ein paar Wochen später wieder eine Parteiversammlung. Grün meldet sich zu Wort: „Genossen! Ich frage nicht, wo ist das Brot, wo ist die Milch? Ich frage nur: Wo ist der Genosse Kohn?"

Und in Bulgarien? – Der alte Genosse Popow erhält in Sofia einen Orden, der ihm vom bulgarischen Partei- und Regierungschef Schiwkow persönlich in der Nationalversammlung überreicht wurde. Nach dem üblichen Händedruck steht der alte Popow unbeweglich und erwartet sichtlich, daß er noch eine Prämie überreicht bekommt. Schiwkow flüstert ihm zu: „Zu diesem Orden gehört kein Geld, Genosse!"

„Nein? ... Nur die Schande?"

Bitterkeit macht sich wegen der Verhältnisse auch in Rumänien breit:

„Was ist schlimmer – die Neutronenbombe oder Ceauşescu?"

„Ceauşescu. Die Neutronenbombe tötet den Menschen, aber Ceauşescu läßt ihn nicht leben!"

Das kleinste Land im Ostblock war Albanien. Das war sozusagen das sozialistische Armenhaus. Das Politbüro der Kommunistischen Partei Albaniens berät, wie man das gegen den amerikanischen Aggressor tapfer kämpfende Volk Vietnams unterstützen kann.

„Genossen", meldet sich ein Mitglied, „ich bin dafür, daß wir den tapferen vietnamesischen Genossen einen Panzer schicken."

Darauf meint ein anderer, wie sähe es denn aus, wenn die Spende der Kommunisten Albaniens popularisiert würde und man nur von *einem* Panzer sprechen würde.

Das sieht der Genosse ein und schlägt deshalb vor: „Dann schicken wir eben zwei!"

Also, meint jenes Mitglied, ob nun ein oder zwei, das mache keinen Unterschied.

Daraufhin meint der Vorsitzende: „Also, gut, Genossen, schicken wir alle drei!"

Als es Ende der sechziger Jahre sogar zu militärischen Auseinandersetzungen zwischen den Bruderstaaten UdSSR und Volksrepublik China kam, reagierte der Volkswitz sofort mit einer getürkten Meldung der sowjetischen Nachrichtenagentur TASS:

„An der sowjetisch-chinesischen Grenze eröffneten die Chinesen das Feuer. Sie schossen mit Maschinengewehren auf einen friedlich pflügenden Traktor. Der Traktor erwiderte das Feuer und flog davon."

Gabriel Laub, der bedeutende Satiriker, der das Leben in Polen, der Sowjetunion und der ČSSR kennengelernt hatte, ehe er in Hamburg eine neue Heimat fand, schrieb seinerzeit: „Politische Witze sind wie synthetische Diamanten – sie entstehen unter hohem Druck. Und sie sind – wie synthetische Diamanten – ein scharfes Instrument, mit dem man die hermetisch geschlossenen, undurchsichtigen Fenster des engen, offiziell zugeteilten geistigen Raumes aufschneidet, um ein wenig Luft zu schnappen."

Hält man sich den Humor und die Satire jener Jahre vor Augen, muß man konstatieren: Das Originellste, was der Sozialismus hervorgebracht hat, waren die Witze über ihn.

Wie ich einen Dorfbürgermeister enteignete

Wer wollte, konnte in seinem Urlaub zu DDR-Zeiten die wundersamsten Überraschungen erleben!

So erging es mir, als ich, um wenigstens in die Nähe der Ostsee zu kommen, mit meiner Familie in einem Dorf bei Wismar wohnte.

Es war das schlimmste Quartier, das wir jemals in unseren Ferien hatten.

Vor dem Fenster befand sich eine Art Müllhalde mit Hühnern. Der Raum, ein umgebauter Stall, war so feucht, daß sich das Aquarellpapier wellte, das Salz in der Tüte erstarrte, die Bettdecke klamm auf mir lag und wir morgens in feuchte Hausschuhe schlüpften.

Mein Sohn und ich fuhren eines Tages mit dem Fahrrad durch die Gegend. Wir kamen an ein wunderschönes altes Herrenhaus, in dem die „Hausherren von morgen" randaliert hatten. Durch das Glasdach des Lichthofes hatten sie einen Schrank gestürzt, die Jugendstilfliesen waren abgeschlagen, das Parkett herausgerissen, die Wände teils mit

Schweinereien, teils mit Fußballsprüchen verziert. In einer Ecke lagen ein paar Matratzen, über deren Verwendung keinerlei Zweifel möglich waren.

Eine alte Frau, die neben dem Haus wohnte und kurioserweise aus Leipzig stammte, erzählte, was hier „nachts los ist". Das Haus stand seit drei Jahren leer, da es als Berufsschule nicht mehr genutzt wurde. Und sie schimpfte im hohen Norden in dem uns so vertrauten Dialekt: „Da gommse middn Mohbädds. Ich habbse middn Schäferhund rausgeholt."

Ein Taxifahrer, dem ich unsere Not mit dem feuchten Urlaubsquartier erzählte, den ich fragte, ob er uns nicht helfen könnte, der brachte uns dann zu einer trockenen Neubauwohnung, die seinem in Scheidung befindlichen Freund gehörte. Zwar stand sie nahezu leer, doch konnten wir dort auf – trockenen! – Luftmatratzen schlafen.

Als ich ihm die Geschichte von dem Herrenhaus erzählte, berichtete mir der Taxifahrer von einem anderen Mißstand. Er fuhr mit mir ins Nachbardorf und zeigte mir das Haus vom Bürgermeister und daneben das kleinere Häuschen „seines Kuli", wie er sich ausdrückte. Den Dorfteich, auf dem früher die Kinder winters Schlittschuh liefen und in dem sie sommers badeten, den hatte sich der „Meister aller Bürger" in sein Grundstück einverleibt und darin eine private Fischzucht eingerichtet. Mit seinem Adlatus grillte er an Sommerabenden die gefangenen Fische hinterm Zaun. Leben nach Gutsherrenart.

Als Kabarettist und erprobter Eingabenschreiber konnte ich es nicht lassen. Auch nicht im Urlaub. Ich erbat einen Termin beim Rat des Kreises Wismar, haute beim Ratsvorsitzenden auf den Putz: Kabarett, Eulenspiegel usw. Ich verlangte, daß das Erdgeschoß jenes Herrenhauses zugemauert wird, um das Gebäude zu schützen. Schließlich spielte ich meinen Joker aus: „Wenn ein Team vom Westfernsehen entdecken würde, wie hier mit dem Erbe umgegangen wird...!"

Augen und Gesichtsfarbe des Ratsvorsitzenden veränderten sich.

Um Marxens Willen! Der Klassengegner gar im Dorf! Das fehlte noch! Er würde sich kümmern!

Dann erzählte ich vom eingezäunten Dorfteich.

Großes Erstaunen. Da ... habe er ... andere ...Informationen. Ich konnte ihm mit aktuellen dienen.

Er würde sich kümmern.

Als ich wieder in Leipzig war, rief mich der Taxifahrer an. Konspirationsmäßig bedeutete er mir in seinem wunderschönen Hochdeutsch: „Also ... der Zaun ... du weißt schon ... also, der ist weg!"

Grenzfall

August 1989. Ich hatte ein Visum für die Niederlande bekommen, um einen ehemaligen Leipziger für mein Buchprojekt über das Schicksal jüdischer Familien in der Messestadt zu interviewen. An der Grenze zur Bundesrepublik gab es die übliche Stille im Abteil.

Nur nicht auffallen.

Nichts sagen.

Erst mal raus sein.

Schließlich hatten wir die Kontrolle hinter uns. Eine hübsche junge Frau stieg aus und ging auf dem Bahnsteig ein paar Schritte hin und her. Schließlich stieg sie wieder ein.

Ich versuchte, im Gang einen Blick von ihr zu erhaschen, aber sie sah niemand an. Ihr Gesicht wirkte angespannt. Dann setzte sie sich wortlos in ihr Abteil.

Plötzlich stürmte vom anderen Ende des Waggons ein Grenzsoldat heran, die legendäre gelbe Zählkarte wie eine seltene Trophäe in der Hand, und steuerte genau das Abteil dieser Frau an.

Atemlose Stille im Zug.

Kurz darauf stand er mit ihrem Paß am gegenüberliegenden Fenster und rief auf den Bahnsteig: „Genosse Hauptmann!"

Ein sympathisch wirkender junger Offizier trat heran, sah kurz in den dargereichten Paß und zischte: „Raus!"

Die Frau stand wenig später mit einem verlegenen Lächeln, das wohl ihre Angst vertreiben sollte, völlig hilflos auf dem Bahnsteig. Ein Grenzsoldat trug ihr die Koffer nach. Sie wischte mit einer Handbewegung imaginären Staub von ihrer Hose, eine typische Verlegenheitsgeste. Keiner von uns sagte ein Wort. Niemand rief ihr einen tröstenden Satz hinterher oder fragte gar: „Warum darf denn diese Frau nicht mit?!"

Und mir ging plötzlich durch den Kopf, daß sich die gleiche Szene auch fünfzig Jahre zuvor an einem Grenzort in Nazi-Deutschland abgespielt haben könnte.

Dann ruckte der Zug endlich an. Sofort begannen in allen Abteilen Gespräche; und wer den Vorfall beobachtet hatte, tauschte sich darüber mit den anderen Fahrgästen aus.

Als wir die Grenze passiert hatten, sah ich ein Auto auf einem Feld stehen. Ein Mann hatte die Arme auf das Dach des Wagens gestützt und sah mit einem Fernglas zum Grenzbahnhof.

Vielleicht, so dachte ich mir, war das der Mann, der auf diese Frau wartete. Und man hatte herausbekommen, daß sie bei ihm im Westen bleiben wollte...

Herbst 1989

Tapeten spielten in der Endzeit der DDR eine besondere Rolle.

Kurt Hager, der Ideologie-Papst der Partei, wies bekanntlich Forderungen nach Reformen wie in der Sowjetunion unter Gorbatschow rüde zurück und äußerte sich damals in ungewohnt salopper Art sinngemäß so: „Wenn der Nachbar tapeziert, muß ich meine Wohnung noch lange nicht renovieren."

Das war deutlich und brachte ihm im Volksmund den Spitznamen „Tapeten-Hager" ein.

Im revolutionären Herbst spielten dann Tapeten gar eine tragende Rolle. Die Bahnen wurden genutzt, um darauf Losungen zu schreiben. Solche wie „Die Wahrheit geht auf die Straße, und die SED hinkt hinterher".

Aus der SED wurde dann die SED-PDS, später die PDS, dann Die Linke, aber einige aus dieser Partei – man sieht es ganz deutlich – die hinken immer noch hinterher.

Bephorismen I

Karl Marx sagte einmal: „Freiheit ist ein Luxus, den sich nicht jedermann leisten kann." – Daraufhin meinten die Funktionäre in der DDR: „Unsere Menschen sind so bescheiden, die wollen keinen Luxus."

Radikalwende: Ein ehemaliger SED-Funktionär erkämpft als Rechtsanwalt im vereinigten Deutschland einer Familie die Ziegelei zurück, die seine Partei enteignet hatte.

Das große Geld verdient man in Deutschland nicht beim Aufbau, sondern beim Zusammenbruch.

Der gewandelte Osten: Heutzutage schwatzt der Führungsoffizier seinem ehemaligen IM eine Versicherung auf.

Ehe wir die Vergangenheit aufarbeiten, bewältigen wir sie lieber.

Das deutsche Kaiserreich hat tatsächlich den Ersten Weltkrieg ohne Steuererhöhung finanziert. Das demokratische Deutschland kann die Republik nicht mal im Frieden finanzieren.

Nach dem 11. September haben die Amis erst einmal gemerkt, was die Kommunisten für angenehme Feinde waren. Die haben sich sogar entschuldigt, wenn sie ihre Schulden nicht rechtzeitig zurückzahlen konnten.

Geschichte

Während einer Schiffsreise im Jahr 2003 kam ich beim Abendbrot mit einem Paar aus Ostdeutschland ins Gespräch. Sympathische, aufgeschlossene Menschen, die nun – wie selbstverständlich – die enormen Reisemöglichkeiten nutzten, die ihren Eltern nicht vergönnt gewesen waren.

Der junge Mann war, wie ich im Gespräch erfuhr, im Jahre 1989 gerade 24 Jahre alt und erzählte mir, daß er zu diesem Zeitpunkt auf einer Offiziersschule gewesen sei. Mich interessierte, ob er denn wirklich geglaubt habe, die DDR gegen den Westen verteidigen zu müssen.

„Ja, unbedingt."

Nun sagte ich ihm, daß ich vor allem jene Offiziere nicht verstehen könnte, die ohne Schwierigkeiten von der Nationalen Volksarmee in die Bundeswehr gewechselt wären.

„Bin ich auch."

„Und Sie hatten kein Problem damit, innerhalb von Stunden den potentiellen Feind als Freund anzusehen?"

„Nein, ich habe doch meinen Eid auf das Volk gesprochen, nicht auf die Partei."

Aha, und das Volk war ja noch da. Es war nur größer geworden.

Ich erwiderte, daß er seinen Eid auf die Deutsche Demokratische Republik abgelegt und versprochen hatte, diese DDR gegen den Westen zu schützen. Und nun habe er sich beim Klassengegner verdingt. Also beim Feind. Da sei er doch quasi übergelaufen. Das wäre doch eigentlich Fahnenflucht...

An dieser Stelle sagte die Frau zu ihrem Mann: „Also, wir haben da eigentlich noch gar nicht richtig darüber geredet."

Bephorismen II

Im Vorhof der Lüge wartet die Statistik.

Politiker wollen immer die Ärmel hoch-
krempeln, wenn sie gerade Hemden mit kurzem Arm anhaben.

Der Werteverlust in Deutschland ist krimi-
nell, wird aber nicht verfolgt.

Wie täglich zu erleben, wird aus der Milch der demokratischen Denkweise mitunter auch tüchtiger Quark und Käse.

Der Politiker war ausgesprochen tolerant: „Von mir aus kann jeder machen, was ich will!"

Was ist der Unterschied zwischen Kultur und Zivilisation?

Für Zivilisation gibt es keine Aus- und Zuschüsse.

Aber gestrichen wird überall.

Respekt!

Der eigentliche Nachfahre von Karl Valentin ist Edmund Stoiber.

Er machte nur in seiner Zeit als Ministerpräsident den Fehler, seinen sprichwörtlichen absurden Humor als ernsthafte politische Überlegung auszugeben. Er hätte eingestehen sollen, daß er nur scherzt! Wer kommt schon auf so einen grandiosen Gedanken: „Ich mache keine leeren Versprechungen! Ich halte mich auch dran!"

Oder wer je seine Ausführungen über den Transrapid gehört hat. Da gipfelt sein Resümee darin, daß man vom Münchner Hauptbahnhof letztlich mit diesem Verkehrsmittel später abfahren kann und trotzdem eher am Flughafen ist.

Phänomenal!

Und nun will er seine ganze Kraft einsetzen, um in der EU die Bürokratie einzudämmen.

Einen größeren Witz gibt's doch gar nicht!

Geschichte

Unseren Tageszeitungen geht es nicht so besonders. Werbeeinnahmen brechen weg, die jungen Leute informieren sich über das Internet. Deshalb sinkt auch die Abonnentenzahl und das bedeutet: Man ist auf jede Anzeige angewiesen.

Wirklich auf jede?

Was entdecke ich zum Beispiel unter „Bekanntschaften" bei meiner Zeitungslektüre?

„Tanja, 29 J., rasiert, sucht diskreten Mann für Seitensprung."

Wie sieht ein diskreter Mann aus? Muß er auch rasiert sein? Oben und unten? Man weiß so wenig auf diesem Gebiet.

„Neu! 180 cm pure Sünde!"

Was ist daran neu? Ist die Dame oder der Herr in jüngster Zeit gewachsen? Waren es bis vor kurzem lediglich 150 cm pure Sünde? Bezieht sich die Sünde auf die Haarwurzeln gleichermaßen wie auf die Zehennägel?

„Endgeile Oma braucht Mann für untenrum."

Das ist ja nun auch wieder so eine Information. Omas sind bekanntlich schon etwas älter und oft nicht mehr so beweglich. Wünscht sich diese Oma vielleicht einen Mann für die Fußpflege?

„Sie, 28 J., gebunden, sucht heimliche Affäre, ohne fin. Interesse." Daneben die Handy-Nummer. Wenn nun der gebundene Mann die Nummer entdeckt? Wo bleibt da die Heimlichkeit? Und was heißt „fin."? Final? Wie vornehm...

„Ich, Analia, 33 J., suche Parkplatzsex hier in der Gegend"

Das stelle ich mir ziemlich unbequem vor, denn die Parkplätze, die ich in der Gegend kenne, die haben doch alle einen knochenharten Boden und außerdem kurven da ständig Autos rauf und runter...

„Mama und Tochter (19)". Weiter nichts. Ja, was wollen die denn für eine Bekanntschaft machen? Etwas mehr Information wäre schon gut. Knappheit sollte so eindeutig sein wie in jener Anzeige: „Schnellfick." Aber welches Geschlecht ist gemeint? Ist das egal, weil es schnell gehen soll. Also wie der Volksmund sagt: „So wie's kommt, werd's gefressn."

Dies alles fand ich unter Bekanntschaften nicht etwa in den St. Pauli Nachrichten, sondern in der Leipziger Volkszeitung, die einst eine der besten Tageszeitungen der organisierten Arbeiterklasse war. Franz Mehring schrieb für dieses Blatt, selbst Schriftsteller vom Range eines Zola, Tschechow oder Fontane veröffentlichten hier ihre Texte.

Die berühmte Losung „Proletarier aller Länder – vereinigt euch!" – die haben ja all diese Leser völlig falsch verstanden!

Bephorismen III

Wie rekonstruiert man moralischen Verfall?

Den Tiefgang haben wir gegen die Tiefgarage eingetauscht.

Die Werte werden unter Wert verkauft.

Nun hat die weltweite Finanzkrise den Menschen den gravierenden Unterschied zwischen Sozialismus und Kapitalismus offenbart: Im Sozialismus wurde erst verstaatlicht und dann wird Pleite gegangen. Im Kapitalismus ist es genau umgekehrt.

Peinlich ist nur, daß das sämtliche Genossen aus der DDR noch miterleben!

Das gönne ich denen gar nicht!

Jahreswechsel

Kurz vor 24 Uhr. Der Sekt perlt im Glas. Ich suche im Fernsehen einen Sender, der klassische Musik bringt oder eine Berglandschaft im Schnee zeigt oder gar eine Kirche mit Glockengeläut.

Fehlanzeige.

Keine Chance.

Nur Party, nur Hully Gully, Fun, Konfetti, Papierschlangen, dröhnende Musik, Krach, Raketen. Tobende Menge.

Bei einem Sender, der dazu animiert, anzurufen, um ein paar Euro für das Erraten eines Begriffes zu gewinnen, steht eine Frau mit großen nackten Brüsten vor der Kamera. Nach jedem Klingeln ruft sie dem imaginären Anrufer zu: „Hallo, deine Lösung?"

Es gibt nur eine: Abschalten!

Bephorismen IV

Nichts beschreibt den Zustand des Fernsehens treffender als der Begriff Flachbildschirm.

Der schlechte Geschmack von Menschen, in der Einschaltquote manifestiert, bestimmt heutzutage das Fernsehprogramm.

Klagte der ehemalige Fernsehstar seinem Freund: „Es ist inzwischen so – wenn ich nicht mal einen Brief falsch frankiere, bekomme ich überhaupt keine Post mehr!"

Positiv

Verhaltensforscher fanden heraus: Lesen macht glücklich.

Und warum?

Weil es Mühe bereitet.

Viele Menschen scheinen aber dieses Glücksgefühl noch nie erfahren zu haben, deshalb müssen wir es überall herumerzählen. Damit sie nicht mehr glauben, nur Bratwürste, „In aller Freundschaft", River-Rafting, Klamotten, Disco-Musik, Bier, Mon Chéri, Fußball und Love-Parade machen froh.

Aber wozu lesen?

Das Ergebnis der Anstrengung beim Lesen ist meditative Konzentration, ein verändertes Zeitgefühl und die Überwindung beengender Ich-Grenzen – der sogenannte „Flow".

Mein Wörterbuch klärte mich auf, daß „flow" fließen heißt, und so wären wir quasi bei den alten Griechen gelandet, die da sagten, daß alles fließt.

Sie fließen beim Lesen quasi mit der Zeit dahin.

Das ist für Körper und Geist gut, und somit steigen Bücher in den Rang von Arzneimitteln auf.

Hinzu kommt – und diese Erfahrung werden Sie bestimmt nicht abstreiten –, daß durch Bücher die Phantasie angeregt wird! Man kann dem Fernsehen manches nachsagen, aber *das* nicht!

Erfahrung

Ich weiß nicht, wie es Ihnen geht, ich mache jedenfalls die Erfahrung, daß ich mit den Jahren zwar schlechter höre, aber lärmempfindlicher geworden bin. Und inzwischen glaube ich, daß ich den Lärm geradezu anziehe. Meine Frau ist mein Zeuge! Kaum nehme ich auf dem Balkon Platz, rattert ein Rasenmäher los oder dröhnt im Herbst die schrecklichste Erfindung – der Laubsauger, der gar nicht saugt, sondern die Blätter durch die Gegend wirbelt. Es dauert ewig, bis sie endlich einen Haufen bilden. In dieser Zeit hätte ich mit einem Besen oder Rechen die Fläche schon zweimal vom Laub befreit.

Und der Lärm reist auch mit. Deshalb habe ich mir angewöhnt, im Hotelzimmer zunächst die Hörprobe zu machen. Ich stelle den Koffer ab und lausche. Und schon bemerke ich ein Rauschen von der Lüftungsanlage, oder es rumort der Motor für den Fahrstuhl hinter der Wand. Inzwischen weiß ich, daß ich mit meiner Marotte kein Einzelfall bin. Das tröstet ungemein, weil man sich ja sonst für hypersensibel hält. Es gibt bei anderen Menschen noch Steigerungen! Mein Freund Frank mußte im Hotel sogar seine Schwiegermutter bitten, mit ihm das Zimmer zu tauschen, da er wegen eines Brummtons außerhalb seines Zimmers nicht in den Schlaf finden konnte. So holte er sie aus ihren Träumen, damit er welche bekommen konnte. Schwiegermütter sind bekanntlich härter im Nehmen.

Eine Bekannte vom Fernsehen erzählte mir, daß sie sogar nachts nackt über die Gänge schlich, um die Ursache eines Geräuschs zu eruieren. Das kann zu fatalen Mißverständnissen führen, denn ein Spätheimkehrer könnte ein ganz anderes Motiv dahinter vermuten!

Meine Frau hat's gut! Sie drückt sich bei störenden Geräuschen einfach Ohropax in den Gehörgang und schon herrscht – im wahrsten Sinn des Wortes – Frieden.

Dieses Dichtungsmittel macht mich bloß nervöser, ich komme mir vor wie unter Wasser. Und wer kann schon unter Wasser schlafen? Ich jedenfalls nicht.

Nun stieß ich in einem Buch des von mir verehrten Werner Finck darauf, daß er ebenfalls unter verschiedenen Lärmpegeln gelitten

hat. Und da er ein bedeutender Künstler war,
hat er eben auch bedeutend gelitten:

> „Ich bin ein Sklave von Geräuschen
> Und ein Magnet für jeden Krach.
> Ich schlafe nur mit Wattebäuschen
> Und werde trotzdem zehnmal wach.
>
> Ich bleibe nirgends länger wohnen,
> Kein Raum ist meiner Art gemäß.
> Ich bin der Alpdruck der Pensionen,
> Der Schrecken der Hotelportiers.
>
> [...]
>
> Ich ging schon einmal an die Spree
> Und dachte schließlich: – Nein!
> Es wird am Grund vom Müggelsee
> Vielleicht noch ruhiger sein. *

* Zitiert nach: Werner Finck, Finckenschläge.
© 1953 F. A. Herbig Verlagsbuchhandlung
GmbH, München

Typisch sächsisch

Mein Freund Hans aus Zürich machte in Hinterhermsdorf, nahe der tschechischen Grenze, eine Bootsfahrt in der Kirnitzschklamm. Der Steuermann kommentierte die Fahrt und beantwortete die wohl immer wieder ähnlichen Touristenfragen. So beschied er beispielsweise einer Oma auf die Frage, ob man hier im Wasser überall stehen könne: „Sischer! Mor gann hier iewerall schdehn ..." und nach einer kleinen Zäsur ... „mor gann nur nich iewerall ahdmen!"

Assoziation

Eine Assoziation ist bekanntlich eine Gedankenverbindung oder Gedankenverknüpfung. Die kann auf seltsame Art zustande kommen. Ein Chemnitzer, Conrad Merkel mit Namen, erzählte mir dazu eine schöne Begebenheit. Im alten Chemnitzer Schauspielhaus wird vor dem Krieg „Romeo und Julia" gegeben. Ein korpulenter Herr hatte sich offensichtlich in diesen Musentempel verirrt oder sich – in Unkenntnis des Inhaltes – gar etwas Heiteres davon versprochen. Kurzum: Er quält sich sichtlich durch die Vorstellung, ächzt verhalten und sehnt das Ende dringend herbei. Als schließlich gegen Schluß des letzten

Aktes Romeo seiner Julia den Giftbecher reicht, hört man von jenem Herrn laut und vernehmlich wegen des nun nahenden Endes einen Stoßseufzer der Erleichterung. Die allgemeine Ergriffenheit der Zuschauer in seiner Nähe verwandelt sich jedoch schnell in Heiterkeit, als er vor sich hin spricht:

„Un nochärds drink'sch ooch ä Helles!"

Qualität

Ende der fünfziger Jahre gab es in Chemnitz (damals schon Karl-Marx-Stadt) das private Kaufhaus Hochmuth & Co. im Stadtzentrum. Zu jener Zeit hatte der Besitzer eine pfiffige Idee: Eine Woche lang veranstaltete er eine Modenschau im Schaufenster. Sein Sohn war für die Technik verantwortlich. Eberhard Heinze moderierte das Vorführen von Kleidern, Kostümen und diversen modischen Accessoires. Man hatte den Akteuren eingeschärft: Wenn die roten Lampen brennen, hören die Leute draußen auf der Straße jedes Wort. Wenn die grünen Lampen brennen, dann ist Unterhaltung möglich.

Eine Modenschau beginnt. Die roten Lampen brennen.

Das Leipziger Mannequin Ina Sippenauer erscheint mit einem Kleid in der entsprechenden Ost-Qualität der fünfziger Jahre, übersieht die roten Lampen, stellt sich neben Eberhard Heinze, und die etwa fünfzig Zuschauer auf der Straße hören ihr lakonisches Urteil: „Das eenzche, was nich gnidderd, sinn de Gnäbbe!"

Mittagszeit

Im Kundenrestaurant eines Kaufhauses be-
obachte ich einen Mann am Nebentisch. Er
hat eine künstliche linke Hand. Mit der rechten wickelt er ein kleines Päckchen aus, das
er aus einer umgehängten Tasche genommen
hat. Darin befinden sich fünf Kartoffeln. Mit
einer Gabel, die er sich aus dem Besteckka-
sten hinter der Kasse geholt hat, ißt er –
während auf allen Tischen Teller mit lek-
kerem Essen stehen – Stück für Stück die
trockenen mitgebrachten Kartoffeln.

Und die Pointe?

Es gibt keine.

Wien bleibt Wien

Ich bin ein großer Freund der Wiener Kaffeehäuser. Diese Fülle unterschiedlicher Refugien! Diese besondere Atmosphäre! Bei jeder Reise suche ich mir ein neues altes Haus aus und tauche mitten im Heute in die Vergangenheit. Dort gibt es noch etwas, das sich seit hundert Jahren nicht verändert hat. Männer in schwarzen Anzügen laufen immer wieder gemächlich zwischen Tisch und Küche hin und her – wie vor Jahrzehnten. Die Wege sind dieselben geblieben. In manch einem Haus wurde schon der Untergang des Habsburgischen Reiches im Jahre 1918 beklagt.

In einem solchen Café lernte ich den sprichwörtlichen Wiener Schmäh kennen ... Ich bezahlte meine Rechnung und gab selbstverständlich, wie es sich gehört, ein Trinkgeld. Der Mann im schwarzen Anzug hatte mir zwar Kaffee, Kuchen und Wasser gebracht, hätte aber von der Haltung und seinem Stil her auch der Besitzer des Kaffeehauses sein können. Die Wiener Kellner wirken oft so. Ich sage also meine aufgerundete Summe an. Der Herr Ober neigt in kurzen Abständen drei Mal leicht den Oberkörper nach vorn: „Danke schön, der Herr, vielen Dank!" Dann wühlt er in seiner Geldkatze nach dem Wechselgeld. In dem Moment, es war noch die Zeit des Schillings, fällt mir auf, daß ich den Umtauschsatz nicht genügend beachtet habe, ich korrigiere mich und erhöhe die Summe des Trinkgeldes.

Der Mann grinst in seine Geldtasche und sagt in einer Mischung von leichter Verachtung und angedeutetem Lob: „Schon besser."

Volksempfinden

Auf der Grazer Burg kam ich an einem Souvenirstand mit der Verkäuferin ins Gespräch, als ich einen originellen Radiergummi entdeckte. Darauf waren ein Porträt des Papstes und der Schriftzug „Ratzefummel" zu sehen. Der Heilige Vater hieß in seinem früheren Leben bekanntlich Ratzinger. Nachdem ich mich daran erheitert hatte, meinte ich, daß es doch erstaunlich wäre, solch eine Idee in der katholischen Steiermark verwirklicht zu sehen. Sie erzählte mir, daß vor allem Theologen und Ordensschwestern den Radiergummi kaufen würden und zog hinter der Ladentafel die vernünftige Bilanz: „Wenn die Oberen keinen Spaß verstehen, da ist was faul im Land."

Das konnte ich als ehemaliger DDR-Bürger nur bestätigen.

Ignorant

Ich gebe es ja zu, daß ich in meinem Kunstverständnis, in dem, was mir gefällt, zu Konservativem neige. Ich mag Impressionisten und Expressionisten und Gegenwartskünstler, die – ihrer Handschrift nach – aus dieser Tradition kommen. Ich schätze Maler wie Kandinsky, Collagen aus den zwanziger Jahren und die Bauhaus-Leute.

Doch in der heutigen modernen Kunst, da tummeln sich meiner Meinung nach einfach zu viele Scharlatane. Und zu viele von Galeristen gemachte Künstler. Vor allem mit Objekten und Installationen habe ich meine Probleme. Wenn der Anspruch im Unterhalten besteht – nichts dagegen. Aber was da so philosophisch mitunter hineingeheimnist wird... Vor allem auch durch Experten.

Im Kunsthaus Graz sah ich von dem international geschätzten Pedro Cabrita Reis die „True Gardens # 6 (Graz)".

Mhm.

Dann heißt das Kunstwerk also „Wahre Gärten". Es besteht aus Holz, Verbundglas,

Leuchtstoffröhren und Elektrokabel. 88 Elemente zu 32 x 250 x 125 cm.

Ich sah Holzkästen mit Glasscheiben, von Neonröhren beleuchtet, entsprechende Kabel und Verbindungsdrähte. Eben alles, was man für einen wahren Garten braucht.

In der Beschreibung zu diesem „Labyrinth aus Licht und Glas" steht: „Angesichts seiner strengen Horizontalität und Planheit erinnert das Werk an eine Collage aus Tafelbildern: Hier, auf diese Leinwand, werden mögliche Erzählungen projiziert, Szenarien, die sowohl Harmonie als auch Gegensatz zum Ausdruck bringen, als Geste des Dissens fungieren und nichtsdestotrotz gleichzeitig den Schauplatz, der sie beherbergt, und dessen dynamische Geometrie mit offenen Armen begrüßen. Die industriellen Materialien (Neonröhren, Glasplatten, derbe Holztrams, meterweise Stromkabel) und die sichtbaren Zeichen eines Arbeitsprozesses verwandeln den Raum in eine gewaltige Baustelle, ein Labor, in dem geistige und körperliche Arbeiten zur Aufdeckung einer Bedeutung und eines Geheimnisses innerer und äußerer Welten beitragen."

Aha. So ist das also gemeint.

Als ich zunächst verstört, aber dann zunehmend amüsiert durch den Raum laufe, stoße ich auf ein Schild: „Bitte außen rumgehen! Das Kunstwerk nicht betreten!"

Vermutlich sind schon Kunstinteressierte, bevor sie das Geheimnis der inneren und äußeren Welten entschlüsselt haben, über die Kabel gestolpert und haben den künstlerischen Raum auf ihre Weise vermessen. Ich schaue mir die Gesichter der Besucher an und kann ihren Zustand nur mit „ratlos" fassen. Und dann gibt es noch ein, zwei Vertreter jener Intellektuellen, die sich nie eingestehen würden, etwas überhaupt nicht zu verstehen, und durch entsprechende Mimik heucheln, den tiefen Sinn voll erfaßt zu haben.

Lassen wir noch einmal die Experten sprechen: „True Gardens # 6 (Graz) markiert einen weiteren kühnen und radikalen Versuch der Eroberung und gleichzeitigen Zähmung des widerborstigen und subversiven Raumes des Kunsthauses Graz."

Nun hat es mir gereicht. Ich habe flotten Schrittes diesen widerborstigen und subversiven Raum hinter mir gelassen.

Beschimpfungen als Kunstbanause nehme ich gern täglich ab 10.00 Uhr entgegen.

Warum die Asiaten uns weit voraus sind

Nehmen wir nur mal die Japaner.

Die arbeiten 500 Stunden mehr als die Deutschen!

Nicht in der Woche! Im Jahr!

Da gibt es welche, die gehen gar nicht erst nach Hause und schlafen gleich am Schreibtisch! So etwas passiert einem Deutschen höchstens mal tagsüber.

Die Mitarbeiter im Betrieb fühlen sich wie in einer großen Familie. Die legen sogar einen Treueschwur ab und haben eine Werkshymne. Das ist ja schlimmer als in der DDR! Vielleicht treten die morgens gar erst zum Fahnenappell an?

Manche Japaner sind so mit ihrer Firma verheiratet, daß sie sogar ihren Ehebund auf dem Werksgelände schließen. Das sollte uns mal einfallen – vielleicht noch in der Kantine essen und tanzen...

Wie weit uns die Asiaten voraus sind, habe ich in der Schweiz beobachtet. Ich wollte mit meiner Frau eine Burg besichtigen. In der Toilette stand ein Japaner neben mir und ich sah, wie er sein Geschäft verrichtete und gleichzeitig in dem Prospekt über die Geschichte der Burg las. In Englisch! Also ich könnte das nicht mal in Deutsch!

Sirio

Als ich mit meinem Freund und Kollegen Küf Kaufmann zu einem Gastspiel in Brüssel war, bekam ich von einem Einheimischen, dem ich von meinem Tick für alte Kaffeehäuser erzählt hatte, einen guten Tip. „Dann mußt du ins ‚Sirio' – das Stammcafé von Jacques Brel. Da hat sich nichts verändert." Und so war es: eine dunkle wohlige Höhle. Jugendstil-Spiegel über den sofaähnlichen Polsterbänken. Schliffglas funkelte in allen Spektralfarben. Auf einem der gepolsterten Plätzchen schlief, lang ausgestreckt, und voller Vertrauen, daß ihr nichts Böses widerfährt, eine Katze und atmete in die Rille zwischen Rücken- und Sitzpolster. Der samtartige dunkelrote Stoff war mit beigefarbenen Ranken verziert. Zwei metallene Damen reckten sich anmutig und hielten Lampen in ihren Händen.

Der Maître de plaisier sah aus wie Professor Sauerbruch und guckte ernst wie vor einer schweren Operation, ließ schließlich seine Augen kritisch über das weiße Tischtuch schweifen, als schiene es ihm nicht steril genug. Ein Pärchen steuerte den Schlafplatz der Katze an, bemerkte den Stubentiger, respektierte sofort sein Ruheplätzchen und ließ sich an einem anderen Tisch nieder.

An einer Wand entdeckte ich schließlich ein Bild des Gründers: Francesco Sirio (1836 – 1900).

Da wurde mir bewußt, daß dieser Mann schon über einhundert Jahre tot ist und das Kaffeehaus trotzdem noch so aussieht wie zu seinen Lebzeiten. Das nenne ich Tradition und Respekt vor einer Leistung in diesen schnellebigen Zeiten, wo viele Gastronomen denken, wenn sie nicht alle paar Jahre renovieren, käme kein Mensch mehr durch die Tür.

Oder hängt die deutsche Renovierungssucht einfach nur mit der Steuer zusammen?

Eine besondere Art von Glück

Auf der Karlsbrücke in Prag sehe ich, wie eine Frau aus einer Flasche Wasser in einen Becher gießt und ihn einem Straßenmusiker in die Hand drückt. Der Mann trinkt, die Frau nimmt den Becher zurück, und ich bemerke dabei, daß der Mann blind ist. Dann beginnt er auf seinem Akkordeon zu spielen. Ich höre von ihm „Freude schöner Götterfunken".

Touristen strömen vorbei. Manche fröhlich, manche zerschlagen vom touristischen Streß. Unten fließt die Moldau, die Sonne scheint. Der Musiker hört in seinem Dunkel das vielstimmige Sprachengewirr.

Er lächelt während seines Spiels, als würde er das alles sehen. Und er sieht zufriedener aus, als so mancher Tourist, der sich in der Masse an ihm vorbeischiebt.

Der letzte Schrei

Edvard Munch ist bekanntlich ein Vorreiter des Expressionismus, er hat viel für die Malerei der Moderne getan. Einsamkeit, Melancholie und Tod spielen in seinen Bildern eine besondere Rolle.

In Oslo gibt es das hervorragende Munch-Museum mit einem Souvenir-Laden und einem Café. Tritt der Besucher, beeindruckt vom Werk des norwegischen Malers, anschließend in diese Räume, macht sich bald Heiterkeit breit.

Wieso das?

Das Souvenirangebot macht's möglich.

Munch konnte nicht ahnen, daß er auch ein Vorreiter für die Produktion spezieller Andenken werden würde ... Der berühmte „Schrei" des Künstlers – Aufschrei gegenüber den Konflikten seines Lebens – findet sich nun auf einem Notizbuch wieder, auf einer Tasse, einem Aschenbecher, einem T-Shirt, einer Tasche oder einem Pin für den Kühlschrank.

Ich entdeckte eine große schwarzweiße Decke mit dem Motiv; der Hersteller wirbt auf dem Anhänger unverdrossen mit „Warm body and soul". Dabei fröstelt es mich beim Anblick jenes eindrucksvollen Gesichts ...

Aber das war noch nicht alles. Meine Frau Stefanie sah fassungslos in die Auslage des Cafés. Dort lag sie: die „Skrik-Scream"! Eine sehr gehaltvolle Torte. Darauf klebte ein Marzipanblättchen, auf dem wir die dünnen schokoladenen Umrisse vom „Schrei" erblickten.

Wenn das Munch gesehen hätte ... vermutlich hätte der Künstler erst einmal einen Schreikrampf bekommen, und anschließend hätte der Konditor damit rechnen müssen, daß die Torte in seinem Gesicht landete.

Das hätte auch ein Bild abgegeben.

Andere Länder ...

Frankreich ist ein tolles Land!

Diese schönen Landschaften und Städte!

Ich war in der Bretagne. Herrlich!

Aber Toiletten gab es dort – da dachte ich, ich bin wieder in der DDR.

Und das Frühstück! Croissants und Konfitüre, Konfitüre und Croissants ...

Und erst die Betten mit den am Fußende hineingestopften Decken! Diese Spannung! Da zieht es einem ja die Zehen krumm!

Und nur eine Decke fürs Doppelbett. Meine Frau lag dadurch manche Nacht quasi im Freien.

Aber sonst – herrlich!

Was mitunter von einem Menschen bleibt

In einer Kirche in der Bretagne sah ich hinter einem Gitter merkwürdige Holzkästchen stehen. Auf diesen Behältnissen waren jeweils ein Name und das Todesdatum verzeichnet.

Durch eine Öffnung erblickte ich plötzlich ein Stück Schädel!

Es stellte sich heraus, daß ich hier Zeugnisse einer besonderen bretonischen Sitte vor mir hatte. Die Schädel Verstorbener wurden in diesen Kästchen aufbewahrt, während die Körper in einem Massengrab beigesetzt wurden. Das Ritual pflegte man noch bis zum Ende des 19. Jahrhunderts.

Auf diese Weise konnte also Madame noch ein Stück des Dickkopfes ihres Mannes sehen, der ihr seinerzeit das Leben so schwer gemacht hatte...

Gute Zeiten

Also in der DDR durften wir in der Schule nicht Breslau sagen. Um Gottes Willen! Da war man empfindlich. Die Stadt hieß nur Wroclaw. Ich habe das erst nicht verstanden, weil wir ja auch nach Warschau fuhren und nicht nach Warszawa. Aber es war halt ein Politikum.

Im heutigen neuen Europa sind nun in dieser Beziehung wirklich gute Zeiten angebrochen. Gelassenheit prägt vielfach die Situation. Wie habe ich gestaunt, als ich im Kartenständer eines Wroclawer Geschäfts Reproduktionen von Vorkriegs-Postkarten fand! Und natürlich mit dem deutschen Namen in Großbuchstaben.

Die deutsche Geschichte der Stadt wird heute einfach als ein wichtiger Teil der Historie angenommen. Und im Foyer des Rathauses stehen die Büsten bedeutender Breslauer wie Lassalle, Edith Stein oder Alfred Kerr.

Deutsche leben und arbeiten inzwischen wieder dort, gründen sogar Unternehmen.

Im Jahr 2007 sind 10 000 Deutsche wegen der Arbeit nach Polen gegangen.

Wer hätte das noch vor zehn Jahren gedacht?!

Alte Breslauer fahren nach Wroclaw und besuchen die Stätten ihrer Kindheit oder Jugend.

Und alte Wroclawer fahren vielleicht nach Lemberg, das längst Lwow heißt, weil sie von dort stammen und im Zuge des Krieges wiederum ihre Heimat verlassen mußten.

So gibt es überall in Europa aus den unterschiedlichsten Gründen vertriebene und umgesiedelte Menschen, aber dieser Kontinent wächst letztlich zusammen und durch die offenen Grenzen ergibt sich ein neues Lebensgefühl.

An so mancher Stelle stieß ich in Wroclaw unerwartet auf die deutsche Vergangenheit. So entdeckte ich in einem Café eine Sammlung von Kaffee-Utensilien: Da standen Blechschachteln von Idee-, Brema- und Jacobs-Kaffee und Küchen-Porzellangefäße, die auf einem Bord zur Schau gestellt wurden, trugen nur zwei Mal die Aufschrift KAWA und zehn Mal KAFFEE. Auch die Kaffeemühlen, die auf einem anderen Regal standen, stammten aus deutschen Haushalten und mahlten gegen Ende des Krieges immer seltener. Ein lustiges Plakat warb für Kathreinerova. Hier war augenscheinlich ein tschechisches Dokument nach Wroclaw geraten.

In einer Kneipe stieß ich auf einen mannshohen Zigarettenautomat, der einst an einer Hauswand verankert gewesen war. Der firmierte nicht unter PAPIEROSY, sondern unter TABAKWAREN.

Wer wird daraus die letzte Schachtel gezogen haben?

Ein Deutscher vermutlich, denn als die Sowjetsoldaten in die Stadt kamen, war er garantiert schon einige Zeit leer, wurden Zigaretten längst zugeteilt.

Erstaunliches war für mich im kleinen, liebevoll hergerichteten Park einer bekannten katholischen Schule zu sehen, die über eine lange Tradition verfügt und die es wohl schon im 17. Jahrhundert gegeben hat. Ossolineum heißt diese Bildungseinrichtung. In dem kleinen Park hatte man eine irgendwo im Gebäudekomplex gefundene Stele wieder aufgestellt, die an die im Ersten Weltkrieg gefallenen Lehrer und ehemaligen Schüler erinnerte. Neben den Namen las ich in Goldbuchstaben: „Frei wollen wir das Vaterland wiedersehen oder frei zu den glücklichen Vätern gehen."

Vor zwei Jahrzehnten wäre es noch unvorstellbar gewesen, so etwas in einer polnischen Stadt an einem öffentlichen Platz zu lesen!

Ich kam mit einem Mann ins Gespräch, der dieses Mahnmal ebenfalls betrachtete. Es stellte sich heraus, daß er Österreicher, Lehrer für Deutsch und Geschichte und ein großer Liebhaber von Breslau war. Wenn er in Norddeutschland Urlaub gemacht hat, so erzählte er mir, dann fährt er nun immer über Breslau in die Heimat zurück. Wege tun sich heute auf, die der Eiserne Vorhang über Jahrzehnte verschloß.

Er fragte nach meinem Beruf und freute sich, einen ostdeutschen Kabarettisten kennenzulernen. Wir scherzten schließlich mitcinander, und ich sagte ihm, daß wir Krieg, Vertreibung und das ganze Elend schließlich einem Österreicher zu verdanken haben. Da meinte er: „Bei uns wäre er nie so weit gekommen. Da wäre er Maler geblieben."

Darauf meinte ich: „Dann hättet ihr ihn auf der Kunstschule nicht ablehnen dürfen!"

Das mußte er akzeptieren.

Mein Gott, wenn die ihn damals in Wien genommen hätten ...!

Was wäre uns da alles erspart geblieben!

Konkurrenz

Am Ortseingang einer hessischen Kleinstadt sah ich das übliche Schild „Heilige Messe" für den katholischen Gottesdienst. Am Lichtmast dahinter hing ein Plakat „Erotik-Messe" und ich fragte mich, welche Veranstaltung wohl mehr Besucher gehabt hat...

DB-Niveau

Auf einem Bahnsteig erzählte mir ein Herr im dunklen Anzug mit Fliege, was er in einem ICE von Hamburg nach Frankfurt erlebt habe. Alle Toiletten waren verschlossen, weil man sie nicht gesäubert hatte. Nach dem Protest vieler Fahrgäste legte der ICE schließlich an bewaldeter Stelle eine Pinkelpause ein.

Und wir wundern uns über Verspätungen...

Kriminell

Bei unserer Seereise nach Norwegen inspizierte ich die Schiffsbibliothek. Sie entsprach dem Massengeschmack oder der liegengebliebenen Massenliteratur. Etwas Liebe, aber vor allem Thriller. Nichts da von Dichtern und Denkern, bei den Deutschen gibt es eben reichlich Thriller-Pfeifen.

Die Sorge der Kaffeesachsen

Was sich dahinter verbirgt?

Das will ich Ihnen gern sagen.

Mit Sorge blicken wir nach China.

Alles, was die Chinesen in den letzten Jahren verstärkt brauchten, wurde in der Welt teuer und knapp. Das haben wir ja bei der Energie und dem Stahl gesehen. Und nun sorgen wir uns, daß die Chinesen eines Tages vielleicht von ihrem Nationalgetränk Tee Abschied nehmen könnten und im Zuge ihrer unglaublichen Modernisierung und der Übernahme westlichen Lebensstils plötzlich auf den Geschmack kommen – auf den von Kaffee nämlich!

Was das bedeutet, können Sie sich ja vorstellen!

Wenn über eine Milliarde Menschen plötzlich statt einer Schale Tee „ä Schälchen Heeßn" zu sich nehmen, dann werden die geliebten braunen Bohnen auf dem Weltmarkt sofort Mangelware, die Preise würden in die Höhe schnellen, und der Kaffee würde für uns Sachsen unbezahlbar!

Noch eine Sorge

Das ist für mich die Frage: Ist der Euro nun wirklich die letzte Währung, die ich im Portemonnaie habe?

Vierzig Jahre die DDR-Mark. Elf Jahre die D-Mark. Manche sagen, der Euro ist nun für die Ewigkeit.

Ewigkeit!

Das hat schon manches System gedacht!

Vielleicht habe ich eines Tages noch einmal Inflationsgeld in der Tasche?

Also dann lieber den Dollar oder – wenn es eben hart auf hart kommt – den chinesischen Yuan.

Wie das Leben so spielt

Ein Bauunternehmer aus Ramat-Gan hatte den Verdacht, seine Frau wäre ihm nicht treu. Das kommt ja wohl immer wieder mal vor, eben auch in Israel. Nun kann man seiner Frau in so einem Fall hinterher schleichen oder – wenn man es sich leisten kann – einen Privatdetektiv engagieren. Dafür entschied sich der betuchte Baulöwe.

Nach einer Weile kam der diskrete Beobachter allerdings mit einer beruhigenden Information zum Ehemann. Da wäre nichts, alles bestens, es gäbe keine Seitensprünge.

Der Bauunternehmer war nun aber ein von Grund auf mißtrauischer Mensch. Sie wissen ... wenn einem einmal der Stachel eines Verdachts im Fleische sitzt ... Also meinte er, der Kundschafter habe seine Argusaugen nur nicht genug aufgesperrt, und engagierte einen zweiten Detektiv.

Der legte schon nach kurzer Zeit Fotos auf den Tisch. Darauf war die Frau eindeutig in zweideutigen Positionen zu sehen.

Und der betrogene Ehemann kannte sogar den Liebhaber: Es war der erste Detektiv!

Bephorismen V

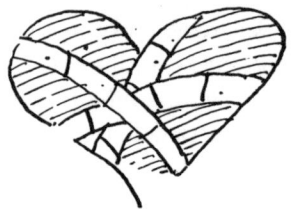

Liebe fesselt und macht frei.

Wenn ein Mann seiner Frau die Schuld gibt –
da kann er nichts dafür!

Das ist genetisch bedingt!

Das liegt an Adam, der hat damals auch
gleich alle Schuld auf Eva abgewälzt.

Angeblich hat sich die Gleichstellung der
Frau auf vielen Gebieten durchgesetzt.
Aber als ich letztens auf einer Schiffsreise
war, merkte ich, daß in manchen Fällen
doch noch ein weiter Weg bis dahin zurück-
zulegen ist. Als eine Frau über die Reling
gestürzt war, rief ein Seeoffizier: „Mann
über Bord!"

Ganz einfach

Täglich quälen sich weltweit Millionen mit ihrem Gewicht herum und versuchen das Äußerste, um ein paar Pfund los zu werden.

Noch mehr quälen sich allerdings damit, ein paar Pfund auf ihre Rippen zu bekommen. Hunger gehört in großen Teilen der Welt zum Alltag, und daraus könnte wohl eines Tages jener schon im Film beschworene Marsch der Hungernden werden, der uns in Europa erreicht. Aber vielleicht wurde bis dahin zum Schutz um Europa eine Mauer errichtet. Und es wird – allerdings unter völlig anderen Umständen – wieder nicht ohne Schießbefehl abgehen...

Doch davon wollte ich gar nicht erzählen, ich schweife ab, ich wollte von jenen Menschen berichten, die sich mit Diäten plagen, auf Hometrainern oder Fahrrädern abstrampeln und hechelnd durch den Park joggen – alles wegen der Pfunde.

Dabei geht es doch viel einfacher!

Man muß nur das richtige Buch zur Hand nehmen!

In einem Bücherkatalog stieß ich auf den Titel „Abnehmen mit Klopfakupressur – erfolgreich und dauerhaft".

In der Annotation erfuhr ich zunächst „Übergewicht hat vor allem eine Ursache: falsche Eßgewohnheiten!".

Wer hätte das gedacht?

Endlich sagt jemand mal die Wahrheit!

Das wurde aber auch Zeit!

„Genau hier setzt die Klopf-Akupressur an. Durch das gezielte Beklopfen von Akupunkten lassen sich Heißhunger-Attacken vertreiben, und Essen aus Frust und Ärger, bei Streß und Angst unterbleibt."

Auf dem Titelfoto war eine schöne Frau zu sehen, die sich – die Augen geschlossen – mit der rechten Hand die Stirn beklopft.

Und davon soll sie satt geworden sein?

Wenn sich das durchsetzt, muß ich wohl demnächst damit rechnen, in einem Restaurant jemand zu sehen, der sich mit der Hand plötzlich vor die Stirn schlägt. Das bedeutet aber nicht etwa, daß dem Gast ein Licht aufgegangen ist, ein Heureka, wie der Wissenschaftler sagt. Irrtum! Der Mann nimmt gerade ab!

Ansporn

In einer Zeitung las ich, worin das Fitneßge-
heimnis von Henry Maske besteht: Er joggt
täglich zehn Kilometer, macht 70 Liegestüt-
ze, hält Mittagsschlaf und ißt Schokolade.

Damit man meinen guten Willen sieht,
habe ich mit den letzten beiden Sachen sofort
angefangen.

Man täuscht sich

Irrtümer sind nach wie vor sehr verbreitet. Dabei weiß man inzwischen, daß die Anfälligkeit für Irrtümer nicht vom Intelligenzquotienten anhängt. Ich finde es beruhigend und gerecht, daß sich der Nobelpreisträger nicht weniger täuscht als der einfach strukturierte Mensch.

Es unterscheidet sich eben nur in der Sache.

Die Zufälligkeit der Sprache

Ich bin in jeder Beziehung für unsere deutsche Sprache, aber manchmal ist es doch gut, wenn ein Fremdwort benutzt wird. Wie Sie wissen, kommt das Wörtchen „post" aus dem Lateinischen und heißt übersetzt nichts weiter als „nach". Postnatal zum Beispiel heißt nach der Geburt, und die Postmoderne ist eben der Zeitabschnitt nach der Moderne.

Nun stellen Sie sich aber einmal vor, man hätte beim Postamt auf das Fremdwort verzichtet und wir würden ins Nachamt gehen!

Ihr Onkel arbeitet bei der Deutschen Nach AG und hat selbstverständlich ein Konto bei der Nachbank. Und Sie hätten eine junge hübsche Nachfrau! Unmöglich würde das klingen.

Der Nachverkehr müßte verbessert werden! Wie mißverständlich.

Es ist gut, daß unsere Altvordern wiederum die Verwendung des lateinischen „post" eingeschränkt haben, denn sonst würde aus ihrem Nachbar ein Postbar ... Am Postmittag tränken Sie manchmal Kaffee mit ihm, aber Sie lüden ihn auch zu sich ein. Je postdem!

Klimawandel

Erst wurde er eine ganze Weile beschworen, anschließend von vielen Skeptikern zerredet ... Temperaturschwankungen gab es immer auf dieser Welt ...und dann war er plötzlich doch da. Wie der Dieb in der Nacht, der Klimawandel.

Vor dem Fenster kann ich ihn quasi sehen. In den Blättern meiner geliebten hundertjährigen Kastanie, die mich bis zum Herbst eines jeden Jahres in kräftigem Grün erfreute. Nun zeigen sich schon im Juni auf den Blättern jene braunen Stellen, die immer größer werden, und im Juli rollt sich da und dort bereits welkes Laub. Schuld daran ist die Miniermotte, der es früher in Leipzig viel zu kalt war, und die deshalb in Südeuropa lebte. Und die sich nun auch in Sachsen pudelwohl fühlt.

Aber es kommt noch mehr auf uns zu. Nicht lange hin und die Malaria-Mücke wird uns im Thüringer Wald stechen.

In Mitteleuropa, sagen die Experten, wird es generell wärmer und feuchter. Natürlich bringt das auch Vorteile: Palmen an der Ostsee und exzellente norddeutsche Weine. Allerdings prognostizieren die Fachleute für Brandenburg und Sachsen-Anhalt keine natürlichen Wälder mehr. Nur noch Grasland.

Im Winter gibt es weniger Glatteis, aber mehr Nebel.

Damit ist die Unfallstatistik wieder ausgeglichen.

Wir brauchen dann wegen des veränderten Klimas auch eine andere Architektur, etwa wie in der Mittelmeer-Region. Somit wird Ostdeutschland letztlich auch von den Häusern her Sizilien immer ähnlicher. Die Mafia ist längst da.

Übrigens: Das in den Medien und von allen europäischen Politikern ständig beschworene Kohlendioxid verweilt in der Atmosphäre bis zu 200 Jahre. Das muß man sich mal überlegen: 200 Jahre!!!

Da sind noch Moleküle aus dem Frühkapitalismus unterwegs! Und auch der zeigt sich inzwischen da und dort wieder sehr real.

Aber der Kohlendioxydausstoß soll ja bald radikal ... eventuell ... vielleicht ... sozusagen vehement bis 2050 gesenkt werden.

Was unsere Zukunft betrifft, so ist sie eine Zukunft der Kontraste.

Die Übergänge fallen weg. Nur noch Kontraste. Sommer und Winter. Hitze und Kälte. Nichts dazwischen. Tag und Nacht.

Nun wird Ihnen beim Lesen langsam etwas schwummrig oder? Sie meinen, Moment mal, von wegen nur noch Kontraste ... aber die Dämmerung, nich, die Dämmerung wird uns ja wohl bleiben!

Nichts da, es hat sich ausgedämmert. Es gibt dann nur noch Tag und Nacht. Unsere Erde wird sich schneller drehen.

Das glauben Sie nicht?

In den letzten Jahren wurden gigantische Staudämme gebaut. Die stauen Millionen Hektoliter Süßwasser. Die Dämme haben die Verteilung der Wassermassen auf unserem Planeten spürbar beeinflußt. Dieses Wasser fließt nicht mehr in die Meere. Es sammelt sich mehr davon in der Nähe der Erdachse und dadurch dreht sich die Erde allmählich schneller.

Hätten Sie gedacht, daß der Mensch eines Tages sogar auf die Rotationsgeschwindigkeit der Erde Einfluß nehmen kann?

Der Mensch?!

Dieser Erdenwurm!

Hätten Sie gedacht, daß die Staudämme bereits heute unsere Tage um 0,2 Millionstel Sekunden kürzen?!

Nun gut, werden Sie sagen ... 0,2 Millionstel! ... Das merkt doch kein Schwein!

Aber das ist ja nur der Anfang!

Auf unserem Planeten wird es Ereignisse geben, die sich selbst phantasiebegabte Autoren nicht ausdenken können. Haben Sie schon mal überlegt, daß es heute technisch möglich wäre, den Mond in die Luft zu sprengen?

Warum man das tun soll? Um irgend etwas zu erreichen! Ein paar Terroristen drehen durch, besetzen Cap Canaveral, jagen mit Raketen Atombomben zum Mond und dann ist's vorbei mit „Guter Mond, du gehst so stille...“ Dann geht er für immer!

Denken Sie, Terroristen geben sich auf Dauer damit zufrieden, ein paar Restaurants, Busse oder Hochhäuser in die Luft zu sprengen? Nein, nein, das ist wie eine Droge. Immer mehr! Immer größere Portionen. Und wenn Sie mich fragen, woher diese Leute Atombomben kriegen sollen, dann sage ich Ihnen, mit etwas Glück können Sie heutzutage eine Atombombe im Imbiß an der Ecke erwerben.

Wenn der Mond in die Luft fliegt, dann ist es Ebbe mit Ebbe und Flut.

Ja, wir sind schon eine begnadete Generation. Wir haben den Untergang der DDR erlebt, den des sozialistischen Lagers und der großen Sowjetunion ... und mit etwas Glück erleben wir sogar noch den Untergang der Welt!

Problematisch

Welche Konfession hat Gott?

Sie meinen, die Frage kann man so nicht stellen. Versuchen wir es: Ist er katholisch oder evangelisch? Oder doch eher jüdisch?

Immerhin war er erst 2000 Jahre ein jüdischer Gott, ehe er durch seinen Sohn Jesus auch ein christlicher wurde.

Und was hat der Vater da gemacht?

Ganz einfach – ein neues Testament.

Und was hat der Sohn geerbt?

Uns.

Na, *das* Erbe hätte ich aber ausgeschlagen...

Bephorismen VI

Das hat sich Jesus nicht träumen lassen, daß er durch seine Geburt für Christen und Atheisten gleichermaßen *das* Geschäft des Jahres initiiert hat!

Auch Atheisten haben Glaubenszweifel.

Christ sein: eine Heidenarbeit.

Beim Beichtstuhl-Gang wird die Seele von Belastungen entleert.

Es ist nicht überliefert, daß sich Jesus die Hände hat küssen lassen.

Das haben bisher nur die Stellvertreter Gottes gefordert.

Es ist das alte Lied: Die Stellvertreter müssen immer übertreiben.

Manchmal erinnert mich der Papst an Honecker.

Weit weg von der Realität und er ahnt instinktiv, wenn er in einer Sache nachgibt, kommt alles ins Rutschen.

Was uns blüht

Die Technik ist heutzutage schon unglaublich. Denken Sie an Roboter! In wenigen Jahren wird es zum Beispiel jede Menge Roboter im Krankenhaus geben. Sie operieren, putzen die Zähne, bringen das Essen, streichen mit der Metallhand beruhigend über Ihren Arm.

Und leisten vielleicht sogar eines Tages Sterbehilfe.

Wenn Sie über hundert Jahre alt sind und Ihnen allmählich die letzten Kräfte ausgehen, dann sagen Sie nur „Jetzt reicht's!", und er drückt zu.

Sie dürfen es nur nicht versehentlich beim Zähneputzen sagen!

Denn – wie überall – sind Mißverständnisse nicht ausgeschlossen!

Aber Sie müssen an die Vorteile denken: Ein Roboter macht die Arbeit von zwei Menschen! Bloß ... da gibt es ja noch mehr Arbeitslose!

Fest steht: wir sind heute einfach schon zu viele. Von Christi Geburt bis zur Krönung von Karl dem Großen nahm die Menschheit in 800 Jahren um etwa 50 Millionen zu.

Das erledigen wir heute in acht Monaten.

Trotz Verhütung können wir das nicht verhüten.

Die Menschen haben sich nicht nur an den biblischen Auftrag „Seid fruchtbar und mehret euch und füllet die Erde" gehalten, sondern haben daraus sogar „überfüllet die Erde" gemacht. Am Anfang des vorigen Jahrhunderts gab es noch 1,6 Milliarden Menschen – jetzt sind wir inzwischen schon über 6 Milliarden.

Über 6 Milliarden!!!

Was tun? Wir müssen den Menschen verhüten. Aber wie?

Bei den Tieren läuft das ja alles ganz anders. Die kontrollieren ihren Bestand selbst.

Die Amseln zum Beispiel sind uns weit voraus.

Die legen in überfüllten Großstadtquartieren statt fünf nur noch zwei Eier. Aber erklären Sie mal in Mexiko-City oder in Bombay einem Paar, daß sie sich an den Amseln orientieren müssen ... Die würden Sie doch sehr befremdlich angucken.

Bephorismen VII

Was den permanenten Krieg des Menschen gegen die Natur betrifft, so nimmt zwar die Angst vor einer Katastrophe zu, aber die Einsicht, daraus Konsequenzen zu ziehen – die nimmt ab.

Das Restrisiko bei Medikamenten ist das Risiko, das einem den Rest geben kann.

Fachleute behaupten, daß man nur auf Umwegen das Glück erreicht. Da werden die deutschen Autofahrer aber ganz anderer Ansicht sein.

Durch das Internet können wir uns endlich Fragen beantworten, die wir uns sonst nie gestellt hätten.

So ist das eben in einem modernen Land wie dem unseren: Wenn der Strom ausfällt, kann die Verkäuferin nicht mehr die Wurst abwiegen.

Immer wieder diese Mißverständnisse!
Ich hörte von einem Mann, der versuchte, Lekker Strom zu kosten ...!

Ein Spanier sagte mir: „Ihr Deutschen grübelt zuviel! Ihr müßt mehr leben!"
Darüber muß ich mal nachdenken.

Lakonisches Fazit eines Älteren: Ich bin nicht mehr der, der ich war, und werde nie mehr der, der ich sein wollte.

Die Organisatoren des Chaos nennen sich mitunter Hüter der Ordnung.

Manche bleiben gern in der Tür stehen. Sie finden, ein Rahmen steht ihnen so gut.

Einverstanden, mir gefällt auch nicht alles im neuen Deutschland. Aber wenn ich heute im Finanzamt weiterverbunden werde, höre ich im Telefon „Für Elise" von Beethoven.

Und auf öffentlichen Toiletten die Stones!

Davon haben wir in der DDR gar nicht zu träumen gewagt!

Mit Recht regt sich das Volk über die unendliche Gier der Manager auf.

Millionen über Millionen scheffeln sie.

Was sind das für Sitten?

Das sind ja schon Parasiten.

Fortschritt

In einer Zeitschrift las ich jetzt, wenn jemand 2020 das Internet nutzen will, dann wird er mit seiner Armbanduhr reden.

Ich werde nie mit meiner Armbanduhr reden! Als konservativer Mensch werde ich auch weiterhin nur mit Menschen reden. Höchstens noch mal mit einer Katze.

Dann stand in dem Artikel, daß der Laptop mit dem Mobiltelefon verschmelzen wird und Platz in einer Krawattennadel findet. Zum Glück trage ich keine Krawatten.

Ohrringe könnten Kontakt zu Satelliten aufnehmen, und die Position ihres Trägers ließe sich bis auf 100 Meter genau bestimmen! Frauen werden solche Ohrringe gern ihrem Partner schenken, damit sie schnell erfahren können, wo der sich aufhält. Und das Gegengeschenk wird nicht auf sich warten lassen.

In Brillen sind dann Kameras und Bild-
schirme eingebaut. Über die kann man Vi-
deokonferenzen abhalten. Die Brille kann
auch Gesichter wieder erkennen und Ihnen
sagen, mit wem Sie es zu tun haben!

Nun, so eine Brille könnte ich schon heute
gebrauchen!

Bephorismen VIII

René Descartes sagte einst den bedeutenden Satz: „Ich denke, also bin ich."

So weit, so gut.

Ich will mir ja nicht anmaßen, den großen Philosophen zu widerlegen, aber wenn ich mich so umsehe, dann bemerke ich doch eine Menge Menschen, die nicht denken und trotzdem sind.

In der Schwäbischen Alb haben Archäologen eine 30 000 Jahre alte Flöte aus Mammutelfenbein gefunden – das bisher älteste Musikinstrument auf der Welt.

Das bedeutet, daß sich schon die Urmenschen gegenseitig die Flötentöne beigebracht haben.

Die Krone des Baumes ist seine Wurzel.

Fachleute meinen, es gibt Tiere, die aussterben, ohne daß wir Menschen sie überhaupt kennengelernt haben. Gut, daß das nicht andersrum gelaufen ist.

Optimismus

Blickt man in die Zukunft, sind Zweifel nicht unangebracht. Das ist aber nicht schlimm, denn Zweifeln ist gut, nur verzweifeln ist schlecht. Der Zweifler ist sozusagen ein halber Optimist. Das ist doch schon was! Wenn Sie einen passenden Partner finden, dann entsteht immerhin aus zwei Zweiflern ein Optimist. Mehr ist nicht drin. Es bleibt auch zukünftig beim Zweifeln, Hoffen und Lachen.

Fachleute behaupten übrigens, daß eine Minute Lachen zehn Minuten Laufen entspricht. Da kann ich nur hoffen, daß Sie bei der Lektüre dieses Büchleins da und dort leicht in Bewegung geraten sind.

Lachen ist ja bekanntlich der Hoffnung letzte Waffe.

Und selbst in der bösesten Situation kann man sich auf optimistische Art trösten.

Wenn Sie den linken Arm gebrochen haben, dann sagen Sie sich: Gott sei Dank war es nicht der rechte!

Wenn Sie sich den rechten Arm gebrochen haben: Gott sei Dank war es kein Bein!

Wenn Sie sich ein Bein brechen: Gott sei Dank war es nicht das Genick!

Und was sagen wir, wenn Sie sich das Genick gebrochen haben ...?

Gott sei Dank hat er nicht lange leiden müssen!

Bilanz

Wenn ich meine Lebensbilanz ziehen sollte, dann fallen mir zwei Sätze ein, die wohl vor langer Zeit als chinesische Lebensweisheit formuliert wurden. Sie können aber auch auf indische oder afrikanische Quellen zurückgehen.

Oder auf sächsische.

Die gereimte Bilanz lautet:

„Ich komme, ich weiß nicht woher.

Ich gehe, ich weiß nicht wohin.

Mich wundert, daß ich so fröhlich bin."

Da kann ich nur ergänzend sagen – das wundert mich manchmal wirklich sehr...